Maximilien de Robespierre

Über die Nationalfeste der Franzosen

Maximilien de Robespierre

Über die Nationalfeste der Franzosen

ISBN/EAN: 9783743389298

Hergestellt in Europa, USA, Kanada, Australien, Japan

Cover: Foto ©ninafisch / pixelio.de

Manufactured and distributed by brebook publishing software (www.brebook.com)

Maximilien de Robespierre

Über die Nationalfeste der Franzosen

Ueber die Nationalfeste der Franzosen.

Im Wohlergehen müssen Völker so wie Privatleute sich gleichsam sammeln, um sich gegen den Freudenrausch zu bewahren, und in der Ruhe der Leidenschaften die Stimme der Weisheit, und der Bescheidenheit, die sie einflößt, zu vernehmen. Der Augenblick, in welchem das Gerücht von unseren Siegen in der ganzen Welt erschallt, ist auch derjenige, in welchem die Gesetzgeber der französischen Republik, mit einer neuen Sorgfalt, über sich selbst und über das Vaterland wachen, und die Grundsätze befestigen müssen, auf welchen die Dauerhaftigkeit und Glückseligkeit der Republik beruhen. Wir kommen heute, eurem Nachdenken große Wahrheiten, die für das Glück der Menschen wichtig sind, vorzulegen, und euch Maaßregeln vorzuschlagen, die natürlicher Weise daraus fließen.

Die moralische Welt scheint noch weit mehr als die physische, voller Widersprüche und Räthsel zu seyn. Die Natur sagt uns, daß der Mensch für die Freyheit geboren sey, und die Erfahrung von Jahrhunderten zeigt uns den Menschen als Sclaven. Seine Rechte sind in seinem Herzen geschrieben, und seine Erniedrigung in der Geschichte. Die Menschen haben Achtung für die Tugend eines Cato, und beugen sich unter das Joch eines Caesar; die Nachwelt verehrt die Tugend eines Brutus, doch bannet sie dieselbe in die alte Weltgeschichte. Die Zeitalter und die Erde sind das Erbtheil des Lasters und der Tyranney; die Freyheit und die Tugend wohnten kaum einen Augenblick auf einigen Punkten des Erdballs. Sparta glänzte wie ein Blitz, und fuhr in ewige Nacht...

Doch sage nicht, Brutus! daß die Tugend ein Hirngespinst sey. Und Ihr, Schöpfer der französischen Republik, verzaget nicht wegen der Menschheit, und zweifelt keinen Augenblick an dem glücklichen Erfolge eures großen Unternehmens.

Die Welt hat sich verändert; sie muß sich noch verändern. Was hat das Gegenwärtige mit dem Vergangenen gemein? Verfeinerte Nationen sind auf die wilden, in Wüsteneyen herumirrenden gefolgt; fruchtbare Saatfelder sind an der Stelle der alten Waldungen, die sonst den Erdball bedeckten. Eine neue Welt erschien jenseit der Grenzen der alten; die Bewohner der Erde haben auch das Meer unter ihre unermeßliche Herrschaft gebracht; der Mensch hat sich des Blitzes bemächtigt, und den Donner des Himmels unkräftig gemacht. Vergleichet nur die unvollkommene Sprache der Hieroglyphen mit den Wundern der Buchdruckerkunst; vergleichet nur die Fahrt der Argonauten mit der Reise eines la Peyrouse; sehet den Unterschied zwischen den astronomischen Beobachtungen der Magier Asiens, und den Entdeckungen eines Newton; zwischen den groben Entwürfen von der Hand eines Dibutad's, und den Gemählden eines David.

Alles hat sich in der physischen Ordnung verändert; alles muß sich in der moralischen oder politischen Ordnung verändern. Die Hälfte der Revolution der Welt ist schon vollbracht; die andere Hälfte muß noch geschehen.

Die Vernunft des Menschen gleichet noch dem Erdboden, den er bewohnt; die eine Hälfte ist in Finsterniß eingehüllt, indem die andere erleuchtet ist.

Die Völker Europens haben erstaunliche Fortschritte in den Künsten und Wissenschaften gemacht; doch scheinen sie die ersten Begriffe der öffentlichen Moral nicht zu kennen. Sie kennen alles, ausgenommen ihre Rechte und Pflichten. Woher dieses Gemische von Verstand und Unwissenheit? Daher, daß man, um sich in den Künsten zu vervollkommnen, bloß seinen Leidenschaften folgen darf; indem man sie bezwingen muß, um seine Rechte zu vertheidigen, und die Rechte seines Nebenmenschen zu ehren. Es gibt noch einen Grund hiervon; die Könige nehmlich, die das Schicksal der Erde bestimmen, fürchten weder große Mathematiker, noch große Mahler, noch große Dichter; aber sie fürchten die strengen Philosophen, und die Vertheidiger der Menschheit.

Jedoch das Menschengeschlecht ist in einer heftigen Bewegung, die nicht lange dauern kann; die Vernunft gehet schon seit lange mit langsamen Schritten und durch abgelegene, aber sichere Wege, zum Kampfe gegen die Throne. Der große Geist drohet dem Despotismus, selbst dann, wenn er ihm zu schmeicheln scheint; dieser Despotismus wird bloß noch von der Gewohnheit und der Furcht, vorzüglich aber von der Stütze vertheidigt, die ihm das Bündniß der Reichen, und aller untergeordneten Unterdrücker gewährt, welche der erhabene Charakter der französischen Revolution erschreckt.

Aber das französische Volk scheint um zwei tausend Jahre dem übrigen Theile des Menschengeschlechts zuvorgekommen zu seyn; man sollte es fast, mitten unter diesem, als eine verschiedene Gattung von Geschöpfen betrachten. Europa liegt auf den Knien vor den Schatten der Tyrannen, die wir bestrafen. In Europa ist der Künstler, der Ackersmann, ein bloßes, für das Vergnügen des Adels abgerichtetes Thier; in Frankreich sucht der Adel sich in Ackersleute und Künstler zu verwandeln, und kann diese Ehre nicht einmahl erlangen.

Europa begreift nicht, wie man ohne Könige und ohne Adel leben könne; wir begreifen nicht, wie man mit ihnen leben kann.

Europa verschwendet sein Blut, um seine Ketten zu erhalten; wir verschwenden das unsrige, um sie zu zerbrechen.

Unsre erhabenen Nachbarn unterhalten mit Ernst die ganze Welt von der Gesundheit des Königs, von seinen Belustigungen, von seinen Reisen; sie wollen durchaus der Nachwelt melden, zu welcher

Stunde er zu Mittage gegessen; in welchem Augenblicke er von der Jagd zurückgekommen; welche glückliche Erde, in jedem Augenblicke des Tages, die Ehre hatte, von seinen erhabenen Füßen betreten zu werden; und wie die privilegirten Sclaven heissen, die beym Aufgang und beym Untergang der Sonne, vor seiner Gegenwart erscheinen.

Wir aber, wir wollen der Nachwelt, die Nahmen und die Tugenden der Helden erzählen, die im Kampfe für die Freyheit fielen; wir wollen ihr erzählen, wo die letzten Trabanten der Tyrannen zu Boden gestreckt wurden; wir wollen ihr erzählen, in welcher Stunde die Todesglocke der Unterdrücker der Welt geschlagen hat.

Ja, diese vortreffliche Erde, die wir bewohnen, und der die Natur mit Vorliebe zu schmeicheln scheint, ist für die Freyheit und Glückseligkeit geschaffen; dieses stolze und empfindsame Volk ist wahrlich für Ehre und Tugend erzeugt. O mein Vaterland! wenn das Schicksal mich in einem fremden und entfernten Lande hätte geboren werden lassen: ich hätte beständig heisse Wünsche für dein Wohl an Gott gerichtet; ich hätte, bey der Erzählung deiner Kämpfe und deiner Tugenden, Thränen der Rührung verzoſſen; meine aufmerkſame Seele wäre mit einem unruhigen Eifer allen Bewegungen deiner ruhmvollen Revolution gefolgt; ich hätte das Schickſal deiner Bürger, das Schickſal deiner Repräſentanten beneidet. Aber ich bin Franzoſe, ich bin Einer deiner Repräſentanten... O erhabenes Volk! empfange hier das Opfer meines ganzen Weſens; glücklich iſt derjenige, der unter dir geboren iſt; noch glücklicher der, welcher für deine Glückſeligkeit ſein Leben aufopfern kann.

Ihr, denen das franzöſiſche Volk ſein Intereſſe und ſeine Macht anvertrauet hat, was könntet Ihr nicht mit ihm, und für daſſelbe verrichten? ja, ihr könnet der Welt das neue Schauſpiel einer, in einem großen Reiche gegründeten Demokratie zeigen. Diejenigen, welche in der Kindheit des öffentlichen Rechts, und im Schooße der Sclaverey, andere Grundſätze äußerten, konnten ſie die ſeit einem Jahre bewürkten Wunder vorausſehen? Was euch noch zu thun übrig iſt, iſt es ſchwieriger als das, was ihr ſchon gethan habet? welche Politiker können euch zu Lehrern und Muſtern dienen? Müſſet Ihr nicht gerade das Gegentheil von dem thun, was vor euch geſchehen iſt? Die Kunſt zu regieren bestand, was zu unserer Zeit, in der Kunst, die Menschen zu hintergehen und zu verderben; sie muß aber nur in der Kunst bestehen, sie aufzuklären und besser zu machen. Es gibt zwey Arten des Egoismus; die Eine ist niedrig, grausam, die den Menschen von seinen Mitbrüdern absondert, und ein ausschließendes, durch das Elend Anderer erkauftes Wohlergehen sucht; die andere ist edel, wohlthätig, die unser Glück mit der Glückseligkeit Aller verwebt, und unsre Ehre an die Ehre des Vaterlandes knüpft. Die erste macht Unterdrücker und Tyrannen; die zweyte, Vertheidiger der Menschheit. Laßt uns ihrem heilsamen Antriebe folgen; die durch ruhmvolle Arbeiten erkaufte Ruhe lieben; den Tod, der sie krönet, nicht fürchten; und wir werden das Glück unsers Vaterlandes und unser eigenes befestigen.

Das Laster und die Tugend sind die Schicksale der Erde; es sind die beyden einander entgegengesetzten Wesen, die sich dieselbe streitig machen. Die Quelle des einen und der andern ist in den Leidenschaften der Menschen. Nach der Richtung, die seine Leidenschaften nehmen, erhebt sich der Mensch entweder bis zum Himmel, oder stürzt sich in scheußlichen Abgrund. Der Zweck aller bürgerlichen Gesellschaft ist daher: sie gegen die Gerechtigkeit zu lenken, die zugleich das allgemeine Wohl und die Privatglückseligkeit macht.

Die Moral ist die einzige Basis der bürgerlichen Gesellschaft. Alle diese Verbindungen, die um uns her existiren, beruhen auf dem Laster; in den Augen der Wahrheit, sind es nur Horden verfeinerter Wilden, und disciplinirter Räuber. Worin besteht denn eigentlich die geheimnißvolle Wissenschaft der Politik und Gesetzgebung? Sie besteht darin, die in die Bücher der Philosophen verbannten Wahrheiten der Sittenlehre, in die Gesetze, in die Staatsverwaltung zu bringen, und im Betragen der Völker die gemeinen Begriffe von Redlichkeit, die ein jeder in seinem eigenen Betragen annehmen muß, anzuwenden; das heißt, eben die Geschicklichkeit gebrauchen, um die Gerechtigkeit herrschen zu lassen, als die Regierungen bisher gebraucht haben, um ungestraft oder mit Wohlstand ungerecht seyn zu können. Sehet auch nur, wie viel Kunst die Könige und ihre Mitschuldigen gebraucht haben, um der Anwendung der moralischen Grundsätze zu entgehen, und alle Begriffe des Rechts und des Unrechts dunkel zu machen. Wie vortrefflich war der Einfall jenes Seeräubers, der zu Alexander sagte: "Man nennt "mich einen Seeräuber, weil ich nur Ein Schiff habe; "dich nennt man einen Eroberer, weil du einen ganze "Flotte hast.„ Mit welcher Unverschämtheit geben sie Gesetze gegen den Diebstahl, indem sie selbst das öffentliche Eigenthum an sich reissen? in ihrem Nahmen verurtheilt man Mörder zum Tode; und sie selbst ermorden Millionen Menschen durch Krieg und Elend. In der Monarchie sind häusliche Tugenden bloß lächerlich; öffentliche Tugenden aber, sind Verbrechen. Die einzige Tugend ist, ein gelehriges Werkzeug der Verbrechen des Fürsten, die einzige Ehre, eben so boshaft, als er, zu seyn. In der Monarchie darf man wohl seine Familie lieben, aber nicht das Vaterland. Es gereicht zur Ehre, seine Freunde zu vertheidigen, aber nicht die unterdrückte Unschuld. Die Redlichkeit der Monarchie ehrt das Eigenthum aller, nur nicht des Armen; sie beschützt alle Rechte, nur nicht die Rechte des Volkes.

Hier ist ein Artikel aus dem Gesetzbuche der Monarchie:

"Du sollst nicht stehlen, wenn du nicht der "König selbst bist, oder ein Privilegium vom Kö-

"nige dazu erhalten haſt; du ſollſt nicht morden,
"wenn du nicht mit einem einzigen Streiche meh-
"rere tauſend Menſchen ums Leben bringen kannſt.„

Ihr kennet, Bürger! die freymüthige Aeuße-
rung des Cardinals von Richelieu, die in ſeinem
politiſchen Teſtamente ſteht, und nach welcher die
Könige ſich ſorgfältig enthalten müſſen, rechtſchaffene
Leute in ihrem Dienſte zu gebrauchen, weil ſie von
ihnen keinen Nutzen ziehen können. Vor mehr als
zwey tauſend Jahren, gab es an den Ufern des
ſchwarzen Meers einen kleinen König, der ſich auf
eine noch ſtärkere Art zu derſelben Lehre bekannte.
Seine Günſtlinge hatten durch falſche Beſchuldigun-
gen einigen ſeiner Feunde den Tod zugezogen. Er
erfuhr es. Als nun eines Tages Einer von ihnen
eine neue Anklage vor ihn brachte, ſagte er: "ich
"würde dich umbringen laſſen, wenn nicht ſolche
"Böſewichter, wie du biſt, den Deſpoten nothwen-
"dig wären.„ Man verſichert, daß derſelbe Fürſt
Einer der beſten geweſen ſey, die je exiſtirt haben.

Doch in England hat der Machiavellismus dieſe
königliche Lehre zum höchſten Grade der Vollkommen-
heit gebracht.

Ich zweifle nicht, daß es viele Kaufleute in London giebt, die auf einige Redlichkeit in ihren Handlungsgeschäften stolz sind; aber es läßt sich wetten, daß diese redlichen Leute es ganz natürlich finden, daß die Mitglieder des brittischen Parlements öffentlich ihr Gewissen und die Rechte des Volkes dem Könige Georg verkaufen, wie sie es mit den Producten ihrer Manufacturen machen.

Pitt zeigt den Augen des Parlements das Verzeichniß seiner Niederträchtigkeiten, und seiner Laster; Verrätherey, Ermordung der Volksrepräsentanten und Patrioten, Verläumdung, Anschläge zur Hungersnoth, Plane zur Bestechung, und Verfertigung falschen Geldes: der Senat hört es mit einem bewundernswürdigen kaltem Blute, und billiget alles mit Unterwerfung.

Vergebens erhebt sich die Stimme eines einzigen Mannes mit einem tugendhaften Unwillen, gegen so viele Ehrlosigkeiten; der Minister gesteht freymüthig, daß er nichts von solchen, ihm so neuen Grundsätzen versteht; und der Senat verwirft die Motion.

O Stanhope! fordere von deinen unwürdigen Gefährten kein Zeugniß deiner Widersetzung gegen ihre Verbrechen; die Nachwelt wird es dir schon geben; und der Tadel jener Menschen ist für dich der schönste Anspruch auf die Achtung deines Jahrhunderts.

Was soll man aus allem dem, was ich hier gesagt habe, schließen? Daß die Immoralität die Grundlage des Despotismus sey, so wie die Tugend das Wesen der Republik ist.

Die Revolution, welche darauf abzweckt, diese fest zu gründen, ist nur der Uebergang von der Herrschaft des Lasters zur Regierung der Gerechtigkeit. Daher die immerwährenden Bemühungen der gegen uns verbündeten Könige und aller Conspiranten, um bey uns die Laster zu verewigen.

Alle diejenigen, welche die alte Regierungsform zurück wünschten, welche sich nur in die Laufbahn der Revolution geworfen haben, um eine Veränderung der Dynastie zu erlangen, haben sich von jeher Mühe gegeben, die Fortschritte der öffentlichen Moral zu hemmen. Welcher Unterschied ist unter den Freunden eines Orleans, und denen eines York, oder eines Ludwigs XVI, als bloß dieser, daß die erstern vielleicht einen höhern Grad der Feigheit und Heucheley besaßen?

Die Oberhäupter der Factionen, die den beyden ersten Legislaturen anhingen, zu feige, um die Möglichkeit der Republik zu glauben, und zu verdorben, um sie zu wünschen, hörten nicht auf, Verschwörungen anzuzetteln, um aus dem Herzen der Menschen die ewigen Grundsätze zu vertilgen, die ihre eigene Politik sie anfangs zu äußern zwang. Die Verschwörung verbarg sich damahls unter der Maske des treulosen Moderantismus, der das Laster in Schutz nahm, die Tugend mordete, und uns auf einem krummen und sichern Wege zur Tyranney zurückführen wollte.

Als die republikanische Energie dieses niedrige System vernichtet, und die Demokratie gegründet hatte, entwarfen der Aristokratismus und der auswärtige Feind neue Plane, um alles zu übertreiben, und alles zu bestechen. Sie verbargen sich unter der Gestalt des Demokratismus, um diesen durch eben so traurige Ausschweifungen zu entehren, und ihn in der Wiege zu ersticken.

Man griff die Freyheit zu gleicher Zeit durch den Moderantismus und durch die Wuth an. In diesem wechselseitigen Gegenstoß der beyden einander, dem Anscheine nach, entgegengesetzten Factionen, deren Oberhäupter aber durch geheime Bande vereinigt waren, ward die öffenliche Meynung zerrissen, die Repräsentation erniedrigt, das Volk für nichts geachtet; die Revolution schien bloß ein lächerlicher Kampf zu seyn, um zu entscheiden, welche Bösewichter zuletzt die Gewalt behalten sollten, das Vaterland zu zertrümmern und zu verkaufen.

Der Gang der Parteyhäupter, die am meisten getrennt zu seyn schienen, war beynahe immer derselbige. Ihr Hauptcharakter war eine höchstverborgene Heucheley.

Lafayette wollte die Constitution, um die königliche Macht zu erheben; Dumourier wollte sie, um die Girondistische Rotte gegen den Nationalconvent zu beschützen. Im August 1792 wollten Brissot und die Girondisten die Constitution als einen Schild gebrauchen, um den Streich abzuwehren, von dem der Thron bedrohet ward. Im folgenden Januar beriefen sich dieselben Conspiranten auf die Souveränität des Volkes, um die Königswürde der Schande des Schafottes zu entreissen, und die Fackel des Bürgerkrieges in den Sectionsversammlungen anzuzünden. Hebert und seine Mitschuldigen beriefen sich auf die Souveränität des Volkes, um den Nationalconvent zu erwürgen, und die republikanſche Regierungsform zu zernichten.

Briſſot und die Girondiſten wollten die Reichen gegen das Volk bewaffnen; Heberts Faction ſchmeichelte, indem ſie den Ariſtocratismus beſchützte, dem Volke, um es durch ſich ſelbſt zu unterdrücken.

Danton, der der gefährlichſte Feind des Vaterlandes hätte ſeyn können, wäre er nicht der feigſte geweſen; Danton, der alle Laſter ſchonte, an allen Verſchwörungen Theil nahm, den Böſewichtern ſeinen Schutz, den Patrioten ſeine Treue verſprach; Danton, der die Geſchicklichkeit beſaß, ſeine Verrätereyen unter dem Vorwande des öffentlichen Wohls zu verbergen, und ſeine Verbrechen durch vorgebliche Fehler zu entſchuldigen; Danton ließ auf eine unbedeutende oder vielmehr günſtige Art, durch ſeine Freunde die Conſpiranten anklagen, welche ſchon auf dem Punkte waren, den Untergang der Republik zu bewürken, um Gelegenheit zu haben, ſie ſelbſt zu vertheidigen. Danton unterhandelte mit Briſſot; correſpondirte mit Ronſin; munterte Hebert auf, und bereitete ſich auf jeden Vorfall, um ſowohl von ihrem Falle, als von ihrem Erfolge Nutzen zu ziehen, und alle Feinde der

Freyheit gegen die republikanische Regierung zu vereinigen.

Vorzüglich sahe man in der letzten Zeit das schreckliche System unserer Feinde, um die öffentliche Moral zu vernichten, sich in seinem ganzen Umfange entwickeln. Damit es ihnen besser gelinge, waren sie selbst die Lehrer ihres Systems; durch ein häßliches Gemische der Reinigkeit unserer Grundsätze mit der Verderbtheit ihres Herzens, wollten sie alles entstellen, alles verwirren.

Alle Betrüger bemächtigten sich einer Art politischen Priesterthums, und setzten in die Classe der Layen die treuen Repräsentanten des Volks und alle Patrioten. Man zitterte damahls, eine richtige Idee vorzuschlagen; sie hatten dem Patriotismus den Gebrauch der gesunden Vernunft untersagt; es gab einen Zeitpunkt, wo es verboten war, bey Strafe für einen schlechten Bürger gehalten zu werden, sich dem Untergange des Vaterlandes zu widersetzen; der Patriotismus war nichts mehr als eine lächerliche Verlarvung, oder die Verwegenheit, gegen den Nationalconvent sein Geschrey zu erheben. Durch die Verkehrtheit der revolutionistischen Begriffe entwarf der wegen aller seiner Verbrechen freygesprochene

Aristokratismus, auf eine sehr patriotische Art, den Plan zur Ermordung der Volksrepräsentanten und zur Wiederauferstehung der Königswürde. Die Verschwornen, von den Schätzen der Tyranney strotzend, predigten Armuth; nach Gold und Herrschaft heißhungrig, predigten sie mit Unverschämtheit die Gleichheit, um sie verhaßt zu machen. Die Freyheit war für sie, eine Unabhängigkeit des Lasters; die Revolution, ein Tauschhandel; das Volk, ein Werkzeug; das Vaterland, eine Beute. Selbst das wenige Gute, das sie sich zu thun zwangen, war ein treuloser Kunstgriff, um uns desto leichter unheilbare Wunden zu versetzen. Wenn sie sich zuweilen strenge zeigten, so geschahe es bloß, um das Recht zu erlangen, die Feinde der Freyheit zu begünstigen und ihre Freunde zu verbannen. Sie, von Lastern bedeckt, forderten von den Patrioten nicht nur Unfehlbarkeit, sondern auch Bürgschaft für allen Eigensinn des Schicksals, damit es niemand mehr wagte, dem Vaterlande zu dienen. Sie donnerten gegen den Wechselwucher; und theilten doch mit solchen Wucherern das Vermögen der Nation; sie sprachen gegen die Tyranney, um den Tyrannen besser zu dienen. Die Tyrannen von Europa klagten durch ihr Organ, den Nationalconvent der Tyranney an. Man konnte dem Volke nicht vorschlagen, die Königswürde wieder herzustellen; darum wollten sie es dahin bringen, seine eigene Regierung selbst zu zerstören. Man konnte ihm nicht sagen, daß es seine Feinde herbeyrufen sollte; daher sagte man ihm, es müßte seine Vertheidiger verjagen. Man konnte ihm nicht sagen, daß es die Waffen niederlege; daher suchte man ihm durch falsche Berichte den Muth zu benehmen. Seine Erfolge achtete man für nichts; und seine Unfälle vergrößerte man mit einer strafbaren Boßheit.

Man konnte dem Volke nicht sagen: der Sohn des Tyrannen oder ein anderer Bourbon, oder auch Einer von den Söhnen des Königs Georg würde dich glücklich machen; daher sagte man ihm, du bist unglücklich; man zeichnete ihm das Gemählde des Mangels, den die Verräther selbst zu veranlassen suchten; man sagte ihm, daß Eyer und Zucker nicht im Ueberfluß da wären. Man sagte ihm nicht, daß seine Freyheit etwas werth sey; daß die Demüthigung seiner Unterdrücker, und alle andern Wirkungen der Revolution nicht zu verachten seyen; daß es noch im Kampfe begriffen sey, und der Untergang seiner Feinde sein Glück allein sichern könne; das sagte man ihm nicht, aber es fühlte es selbst. Kurz, die Strafbaren konnten das französische Volk weder mit Gewalt unterjochen, noch durch seine eigene Einwilligung; sie suchten es daher durch Verkehrtheit der Begriffe, durch Empörung, durch Sittenverderbniß in Fesseln zu legen.

Sie haben die Immoralität nicht nur zum Systeme, sondern gar zur Religion gemacht; sie suchten alle edlen Gefühle der Natur durch ihr Beyspiel sowohl, als durch ihre Lehren zu ersticken. Der Bösewicht wünscht wohl in seinem Herzen, daß kein einziger rechtschaffener Mann auf der Erde übrig bleibe, damit er keinen einzigen Ankläger mehr auf derselben finde, und ruhig athmen könne. Unsere Verbrecher suchten im Verstande und im Herzen alles auf, was der Moral zur Stütze dient, um es heraus zu reissen, und den unsichtbaren Ankläger, den die Natur uns in die Seele gelegt hat, zum Schweigen zu bringen.

Die Tyrannen, die sich der Verwegenheit ihrer Abgeordneten freueten, beeiferten sich nun, vor ihren Unterthanen die Ausschweifungen darzustellen, welche sie für Geld erkauft hatten; sie stellten sich, als glaubten sie, dieses sey das französische Volk; sie schienen ihren Völkern zu sagen: "Was würdet Ihr "durch die Abschüttelung unseres Joches gewinnen; "Ihr sehet es, die Republikaner sind nicht besser, wie "wir.„ Die tyrannischen Feinde Frankreichs hatten einen Plan entworfen, der, wenn ihre Hoffnung ganz erfüllt worden wäre, plötzlich unsere Republik in Brand setzen, und unübersteigliche Schranken, zwischen ihr und den andern Völkern errichten mußte; die Verschwornen suchten diesen Plan auszuführen. Dieselben Betrüger, welche die Souveränität des Volks anriefen, um den Nationalconvent zu ermorden, brauchten den Haß des Aberglaubens, um den Bürgerkrieg und den Atheismus bey uns einzuführen.

Was wollten die Menschen, die im Schooße der Verschwörungen, von denen wir umgeben waren, mitten unter den Unruhen eines schrecklichen Krieges, und zu einer Zeit, wo die Fackeln der bürgerlichen Zwietracht noch rauchten, plötzlich alle Religionen mit gewaltsamer Heftigkeit angriffen, um sich selbst zu wüthenden Aposteln des Nichts und zu fanatischen Predigern des Atheismus zu erheben? was war der Zweck dieses großen, im Dunkeln der Nacht, ohne

ohne Wissen des Nationalconvents, von Priestern, Ausländern und Conspiranten angelegten Plans? War es Liebe zum Vaterlande? das Vaterland hat sie schon die Strafe der Verräther leiden lassen. War es Haß gegen die Priester? die Priester waren ihre Freunde. War es Abscheu gegen den Fanatismus? dieses Benehmen war das einzige Mittel, ihm Waffen in die Hände zu geben. War es das Verlangen, den Triumph der Vernunft zu beschleunigen? Man hörte ja nicht auf, sie durch widersinnige Gewaltthätigkeiten, und durch verabredete Ausschweifungen zu beleidigen, um sie verhaßt zu machen. Man schien nur darum, sie in die Tempel zu verweisen, um sie aus der Republik zu verbannen.

Man diente wenigstens der Sache der gegen uns verbündeten Könige; der Könige, die diese Ereignisse schon voraus gesagt, und sie mit Erfolg gebraucht hatten, um durch Manifeste, und öffentliche Gebete den Fanatismus der Völker gegen uns zu erregen. Man muß sehen, mit welchem heiligen Zorn Pitt uns diese Ausschweifungen vorwirft; und mit welcher Sorgfalt, die kleine Anzahl wahrer Freunde der Menschheit, die im englischen Parlemente sitzen, sie einigen verächtlichen von euch verstoßenen und bestraften Menschen, zur Last legen.

So lange diese ihre Sendung erfüllten, fastete das englische Volk, um die von dem Herrn Pitt angeordneten Sünden zu versöhnen, und Londons Bürger trugen Trauer um die catholische Religion, wie sie dieselbe schon um den König Capet, und die Königin Antoinette getragen hatten. (Gelächter und Beyfall.)

Bewundernswürdige Politik eines Ministers, der durch seine Abgeordneten das höchste Wesen verspotten ließ, und es durch englische und österreichische Bayonette rächen wollte! Ich liebe sehr die Frömmigkeit der Könige, und glaube stark an die Religion des Herrn Pitt. So viel ist wenigstens gewiß, daß er in Frankreich gute Freunde gefunden hat; denn, nach allen Berechnungen der menschlichen Klugheit, sollte die Intrigue, von der ich eben spreche, ein schnelles Feuer in der ganzen Republik anzünden, und ihr neue Feinde von Außen zuziehen.

Glücklicher Weise trafen verschiedene Ursachen zusammen, um dem größten Theil des Schadens, den unsere Feinde von ihrem Plane erwarteten, zuvor zu kommen; der Geist des französischen Volkes;

seine unveränderliche Leidenschaft für die Freyheit; die Weisheit, mit welcher Ihr die redlichen Patrioten warntet, die durch das gefährliche Beyspiel der heuchlerischen Erfinder jener Machination verführt werden konnten; und endlich die Sorge, welche die Priester selbst trugen, um dem Volke in Ansehung ihrer die Augen zu öffnen. Ihr müsset nun der Sache ein Ende machen; und wenn es möglich ist, selbst die Verkehrtheit unserer Feinde benutzen, um den guten Grundsätzen, und der Freyheit den Triumph zu sichern.

Ziehet nur das Wohl des Vaterlandes und das Interesse der Menschheit zu Rathe. Jede Einrichtung, jede Lehre, die den Menschen tröstet, und seine Seele erhebt, muß angenommen werden; verwerfet alle diejenigen, die darauf abzielen, den Menschen zu erniedrigen, und ihn zu verderben. Belebet und erhöhet wieder alle edle Gefühle, und alle große moralische Begriffe, die man ausrotten wollte; bringet durch den Reiz der Freundschaft, und durch das Band der Tugend, die Menschen einander näher, die jene Verräther trennen wollten.

Wer hat dir den Auftrag gegeben, dem Volke zu sagen, daß keine Gottheit existirt? Dir, der du für diese trockene Lehre leidenschaftlich eingenommen bist, obgleich du nie für das Vaterland in Leidenschaft geriethest? Welchen Vortheil findest du dabey, dem Menschen einzureden, daß eine blinde Macht seinem Schicksale vorstehe, und nach dem Ungefähr den Strafbaren und den Tugendhaften leiden lasse? Daß seine Seele nur eine leichter Hauch sey, der an der Pforte des Grabes verschwinde?

Wird der Gedanke seiner Nichtigkeit dem Menschen reinere und erhabenere Gesinnungen eingeben, als der Gedanke an seine Unsterblichkeit? wird er ihm mehr Achtung für seine Mitmenschen und für sich selbst, mehr Ergebenheit für sein Vaterland, mehr Muth der Tyranney zu trotzen, mehr Verachtung des Todes und der Wollust einflößen?

Ihr, die Ihr einen tugendhaften Freund verlieret, ihr glaubt gern, daß der beste Theil von ihm dem Tode entging. Ihr, die Ihr am Sarge eines Sohnes oder einer Gattin weinet, werdet Ihr von demjenigen getröstet, der euch sagt, daß von ihnen nichts mehr, als ein elender Staub übrig bleibe? Ihr Unglücklichen, die Ihr unter den Streichen eines Meuchelmörders fallet, in eurem letzten Seufzer ruft ihr noch die ewige Gerechtigkeit an! Die Unschuld auf dem Schafotte macht den Tyrannen auf seinem Triumphwagen erblassen; würde sie diese Macht haben, wenn das Grab den Unterdrückten und den Unterdrücker gleich machte? Elender Sophist! mit welchem Rechte kömmst du, der Unschuld das Scepter der Vernunft zu entreissen, ein Leichentuch über die Natur zu werfen, den Unglücklichen in Verzweifelung zu setzen, den Verbrecher zu erfreuen, die Tugend zu betrüben, und die Menschheit herabzuwürdigen? Je mehr Gefühl und Verstand ein Mensch besitzt, desto mehr hängen ihm die Begriffe an, die sein Wesen vergrößern, und sein Herz erheben. Die Lehre eines solchen Menschen wird bald die Lehre der ganzen Welt. Wie? diese Begriffe sollten nicht wahr seyn? ich begreife wenigstens nicht, wie die Natur den Menschen Erdichtungen hätte anschaffen können, die nützlicher wären, als alle wirkliche Dinge. Ja, wenn das Daseyn Gottes, wenn die Unsterblichkeit der Seele nur ein Traum wäre, so würde er doch der schönste Begriff des menschlichen Geistes seyn.

Ich habe nicht nöthig zu bemerken, daß es hier nicht darauf ankömmt, irgend einer philosophischen Meinung insbesondere, den Prozeß zu machen, oder zu leugnen, daß nicht mancher Philosoph tugendhaft seyn könne, wie auch sonst seine Meinungen sind; etwa vermöge einer glücklichen Gemüthsart oder einer erhabenen Vernunft. Hier haben wir bloß den Atheismus als National-Meinung, und verbunden mit einem Systeme der Verschwörung gegen die Republik zu betrachten.

Aber, Gesetzgeber! was gehen euch die verschiedenen Hypothesen an, durch welche gewisse Philosophen, die Erscheinungen der Natur erklärten? Ihr könnt alle diese Gegenstände ihren ewigen Streitigkeiten überlassen; Ihr brauchet sie weder als Metaphysiker noch als Theologen zu betrachten. In den Augen des Gesetzgebers, ist alles dasjenige, was der Welt nützlich und in der Ausübung gut ist, Wahrheit. Der Begriff von einem höchsten Wesen und von der Unsterblichkeit der Seele ist eine immerwährende Erinnerung an die Gerechtigkeit; er ist demnach gesellschaftlich und republikanisch. Die Natur hat in den Menschen das Gefühl von Vergnügen und Schmerz gelegt, das ihn zwingt, die physischen Gegenstände zu fliehen, die ihm schädlich, und diejenigen aufzusuchen, die ihm nützlich sind. Ein Meisterstück der Gesellschaft würde es seyn, in ihm, bey moralischen Angelegenheiten, einen schnellen Instinct zu schaffen, der ihn ohne die langsame Rathgebung der Vernunft dahin brächte, das Gute zu thun, und das Böse zu unterlassen; denn die besondere Vernunft eines jeden, von seinen Leidenschaften irre geführten Menschen, ist oft nur ein Sophist, der für ihre Sache spricht; und das Ansehen der menschlichen Vernunft kann immer von der Eigenliebe angegriffen, und besiegt werden. Was nun diesen kostbaren Instinct hervorbringt, oder ersetzt, was die Unzulänglichkeit des Ansehens der menschlichen Vernunft unschädlich macht, das ist das religiöse Gefühl, welches der Gedanke in die Seele legt, daß die moralischen Lehren von einer über den Menschen erhabenen Macht, eine Sanction erhalten haben. Auch wüßte ich nicht, daß irgend ein Gesetzgeber sich es hätte einfallen lassen, den Atheismus zu nationalisiren. Es ist wahr, selbst die weisesten Gesetzgeber erlaubten sich es, mit der Wahrheit einige Erdichtungen zu vermischen, es sey nun, um auf die Einbildungskraft unwissender Völker zu wirken, oder um sie stärker an ihre Lehren zu fesseln. Lycurg und Solon nahmen ihre Zuflucht zu dem Ansehen der Orakel; und Socrates selbst hielt es für nöthig, um der Wahrheit bey seinen Mitbürgern Eingang zu verschaffen, ihnen einzureden, daß dieselbe ihm von einem ihn begleitenden Genius eingeflößt worden sey.

Ihr werdet hieraus ohne Zweifel nicht schliessen, daß man die Menschen hintergehen müsse, um sie zu unterrichten; sondern bloß, daß Ihr glücklich seyd, in einem Jahrhunderte und in einem Lande zu leben, deren Auffklärung euch keine andere Pflicht gebietet, als die Menschen an die Natur und an die Wahrheit zu erinnern.

Ihr werdet euch wohl hüten, das heilige Band zu zerreissen, welches sie an den Urheber ihres Daseyns bindet. Diese heilsame Meinung braucht nur bey einem Volke geherrscht zu haben, und es ist schon gefährlich, sie zu vernichten. Denn, da die Bewegungsgründe zur Erfüllung seiner Pflichten, und der Grund der Moralität mit dieser Idee genau verknüpft sind: so würde man, wenn man sie aufheben wollte, das Volk unmoralisch machen, (démoraliser). Aus demselben Grundsatze folgt, daß man eine bereits eingeführte Religion nur mit Vorsichtigkeit, und einer gewissen Delicatesse angreiffen müsse, damit nicht eine plötzliche und gewaltsame Veränderung, ein Angriff gegen die Moral, und eine Entsagung der Redlichkeit selbst, zu seyn scheine. Uebrigens ist derjenige, der im Systeme des Lebens etwas anders an die Stelle Gottes setzen kann, ein wundervolles Genie in meinen Augen; derjenige aber, der ohne ihn durch etwas anders zu ersetzen, bloß daran denkt, ihn aus dem Verstande des Menschen zu verbannen, scheint mir ein Wunder der Dummheit und der Verkehrtheit.

Was haben die Verschwornen an die Stelle desjenigen gesetzt, das sie vernichteten? Nichts, als das Chaos, die Leere und die Gewalt. Sie verachteten das Volk zu sehr, um sich die Mühe zu geben, es zu belehren; anstatt es aufzuklären, wollten sie es bloß erzürnen, wild machen, oder verschlimmern.

Wenn die Principien, die ich bisher entwickelt habe, Irrthümer sind: so irre ich mich wenigstens mit allen denen, die die Welt verehrt. Lasset uns

hier die Geschichte befragen. Bemerket nur, wie
die Menschen, die auf das Schicksal der Staaten
Einfluß hatten, immer nach ihrem Charakter, und
nach ihren politischen Absichten, dem Einen oder dem
andern der beyden einander entgegengesetzten Systeme
anhingen. Sehet nur, mit welcher Kunst Caesar,
als er im römischen Senat zu Gunsten der Mitschuldigen Catilina's sprach, sich in eine Abschweifung
gegen die Lehre von der Unsterblichkeit der Seele
verlor; so sehr schien ihm diese Idee geschickt zu
seyn, in dem Herzen der Richter die Macht der
Tugend zu unterdrücken; so sehr schien ihm die
Sache des Lasters mit der Sache des Atheismus
verbunden zu seyn. Cicero hingegen rief gegen
die Verräther das Schwerdt der Gesetze und die
Donner der Götter an. Socrates unterhielt ster-
bend seine Freunde von der Unsterblichkeit der Seele.
Leonidas lud seine Waffengefährten, als er mit
ihnen bey Thermopylae, kurz vor der Ausführung
des heroischsten Anschlages, den die menschliche Tugend je gefaßt hatte, das Abendbrodt aß, auf den
folgenden Tag zu einem andern Gastmahl in einem
neuen Leben ein. Und welch ein Abstand zwischen
Socrates und Chaumette; zwischen Leonidas

und dem Vater-Duchesne! Ein großer Mann, ein wahrer Held, schätzt sich zu sehr, um Gefallen an der Idee seiner Vernichtung zu finden. Ein Bösewicht hingegen, der in seinen eigenen Augen verächtlich ist, und von andern mit Abscheu betrachtet wird, fühlt, daß die Natur ihm kein schöneres Geschenk machen kann, als seine Verschwindung ins Nichts.

Cato wankte nicht zwischen Epicur und Zeno. Brutus und die erhabenen Verschwornen, die seine Gefahren und seine Ehre theilten, gehörten auch zu der vortrefflichen Secte der Stoiker, welche so hohe Begriffe von der Würde des Menschen hatte, den Enthusiasmus der Tugend so weit trieb, und so viel Heldenmuth zeigte. Der Stoicismus erzeugte Nachahmer eines Brutus und eines Cato, bis in die schrecklichen Jahrhunderte, welche auf den Untergang der römischen Freyheit folgten. Der Stoicismus rettete die Ehre der menschlichen Natur, die durch die Verbrechen der Nachfolger Caesars, besonders aber durch die Geduld der Völker, herabgewürdiget ward. Die epicurische Secte hatte ohne Zweifel alle Bösewichter, die ihr Vaterland unterdrückten, und alle feige Menschen, die es unterdrücken liessen. Obgleich auch der Philosoph, von dem sie den Nahmen führt, für seine Person kein verächtlicher Mensch war: so führten doch die, von der Verderbtheit ausgelegten Grundsätze seines Systems, so traurige Folgen herbey, daß das Alterthum selbst seine Anhänger mit der Benennung der epicurischen Heerde brandmarkte. Da nun das menschliche Herz im Grunde zu allen Zeiten dasselbige ist, und derselbe Instinct, oder dasselbe politische System, den Menschen immer denselben Gang gehen ließ: so wird es leicht seyn, die eben gemachten Bemerkungen, auf den gegenwärtigen Zeitpunct, und auf die Zeit anzuwenden, die vor unserer Revolution unmittelbar vorherging. Es ist gut, einen Blick auf diese Zeit zu werfen, wenn auch nur, um einen Theil der Erscheinungen, die sich zeigten, zu erklären.

Seit lange schon konnten die einsichtsvollen Beobachter einige Symptome der gegenwärtigen Revolution bemerken. Alle wichtigen Ereignisse führten auf sie hin; selbst die Sache von Privatpersonen, die nur für einiges Ansehen empfänglich waren, verband sich mit einer politischen Intrigue. Die berühmten Gelehrten fingen an, vermöge ihres

Einflusses auf die Meinungen, auch in den Geschäften Einfluß zu erlangen. Die Ehrsüchtigsten machten schon seit lange eine Art von Verbindung, die ihr Gewicht vermehrte. Sie schienen sich in zwey Secten getheilt zu haben, von denen die Eine auf eine dumme Weise die Geistlichkeit und den Despotismus vertheidigte. Die mächtigste und erhabenste war diejenige, die unter dem Nahmen der encyclopädistischen bekannt war. Es waren einige würdige Männer, und eine größere Anzahl ehrgeiziger Charlatane unter ihr; verschiedene ihrer Oberhäupter, wurden wichtige Personen im Staate. Wer den Einfluß und die Politik dieser Secte nicht kennt, hat keine richtige Idee von der Einleitung zu unserer Revolution. Diese Secte wird in politischer Rücksicht stets unter den Rechten des Volkes stehen. In Angelegenheiten der Moral, ging sie weit über die Zerstörung der religiösen Vorurtheile hinaus. Ihre Coryphäen deklamirten zuweilen gegen den Despotismus, und waren von den Despoten besoldet. Bald machten sie Bücher gegen den Hof; und bald Zueignungsschriften an Könige, gebundene Reden zum Lobe der Höflinge, und Lieder auf die Maitressen. Sie waren stolz in ihren Schriften, und kriechend in den Vorgemächern. Diese Secte verbreitete mit einem großen Eifer die Meinung von dem Materialismus, welche unter den Großen, und unter den schönen Geistern herrschte. Ihr hat man großentheils diese Art von practischer Philosophie zu verdanken, die den Egoismus in ein System bringt, die menschliche Gesellschaft als einen Krieg der List betrachtet, den Erfolg einer Sache für die Regel des Rechts und des Unrechts, die Rechtschaffenheit wie eine Sache des Geschmacks und des Wohlstandes ansieht, und die Welt für das Erbtheil geschickter Egoisten hält. Ich sagte, daß diese Coryphäen ehrsüchtig waren; die Bewegungen, die eine große Veränderung in der politischen Ordnung der Dinge ankündigten, konnten ihren Absichten einen größern Umfang geben. Man bemerkte, daß mehrere unter ihnen in genauer Verbindung mit dem Hause Orleans standen; und die englische Constitution war nach ihnen das Meisterück der Politik, und das Maximum der gesellschaftlichen Glückseligkeit.

Unter denen, die sich in der Zeit, von der ich eben spreche, durch Gelehrsamkeit und Philosophie auszeichneten, zeigte sich ein Mann, durch die Erhabenheit seiner Seele, und die Größe seines Charakters, würdig des Amtes, der Lehrer des Menschengeschlechtes zu seyn. Er griff mit Freymüthigkeit die Tyranney an; sprach mit Enthusiasmus von einer Gottheit; seine männliche und gerade Beredsamkeit mahlte mit Flammenzügen die Reize der Tugend, und vertheidigte die trostbringenden Lehren, die die Vernunft dem menschlichen Herzen zur Stütze giebt. Die Reinigkeit seiner, aus der Natur und dem innigsten Hasse gegen das Laster geschöpften Lehre, so wie seine unüberwindliche Verachtung der ränkevollen Sophisten, die sich mit Unrecht den Nahmen Philosophen anmaßten, zog ihm den Haß und die Verfolgung seiner Nebenbuhler und seiner falschen Freunde zu. O, wäre er doch Zeuge dieser Revolution gewesen, deren Vorläufer er war, und die ihn ins Pantheon brachte! Wer kann zweifeln, ob seine großmüthige Seele mit Entzücken die Sache der Gerechtigkeit und der Gleichheit vertheidigt hätte? Was haben aber seine elenden Gegner für diese Sache gethan? sie haben die Revolution bekämpft, von dem Augenblicke an, da sie fürchteten, sie möchte das Volk über alle Privateitelkeiten erheben. Die Einen brauchten ihren Verstand, die republikanischen Grundsätze zu verfälschen, und die öffentliche Meinung irre zu leiten; sie gaben sich den Factionen und vorzüglich der Orleansschen Partey hin. Die andern warfen sich in eine feige Neutralität. Ueberhaupt haben die Gelehrten sich in dieser Revolution herabgewürdigt; und die Vernunft des Volkes hat, zur ewigen Schande des gebildeten Geistes, alle Mühe bey derselben allein übernommen.

Kleine und eitle Menschen, erröthet wenn Ihr könnt! Die Wunder, welche diese Epoche der menschlichen Geschichte unsterblich gemacht, sind ohne euch, und wider euren Willen bewirkt worden; die gesunde Vernunft, und das Genie, haben ohne Ränke und ohne Unterricht Frankreich zu diesem Grade der Erhabenheit gebracht, der eure Niedrigkeit erschreckt, und eure Nichtigkeit zerschmettert. Mancher Künstler zeigte sich geschickt in der Kenntniß der Rechte des Menschen, indem mancher Buchmacher, der im Jahre 1788 beynahe Republikaner war, auf eine dumme Art im Jahre 1793 die Sache der Könige vertheidigte. Mancher Landmann verbreitete das Licht der Philosophie unter seinen Mitbürgern, indem der Academiker Condorcet, welcher, wie man sagt, nach dem Urtheile der Gelehrten ein großer Mathematiker, und nach dem Ausspruche der Mathematiker ein großer Gelehrter, nachher ein zaghafter Conspirant, und von allen Parteyen verachtet war, unaufhörlich daran arbeitete, durch das treulose Gewäsche seiner käuflichen Rhapsodien jenes Licht zu verdunklen.

Ohne Zweifel ist euch auch schon die Wärme aufgefallen, mit welcher so viele Verräther ihres Vaterlandes den schiefen Meinungen, die ich bekämpfe, das Wort redeten. Welche merkwürdige Betrachtungen können sich hierbey eurem Verstande darbiethen! Wir haben gehört — wer sollte diesen hohen Grad von Unverschämtheit glauben? — wir haben gehört, wie der Verräther Guadet in einer Volksgesellschaft, einen Bürger denuncirte, weil er den Nahmen der Vorsehung aussprach! Einige Zeit nachher, klagte Hebert einen andern Bürger an, der gegen den Atheismus schrieb. Waren es nicht Vergniaux und Gensonné, die in eurer Gegenwart, und auf eurer Rednerbühne, mit Hitze sprachen, um den Nahmen des höchsten Wesens, den Ihr in die Einleitung zu unserer Constitution gesetzt habet, daraus zu verbannen? Danton, der bey den Nahmen der Tugend, der Ehre, und der Nachwelt mitleidig lächelte; Danton, dessen

System es war, alles herabzuwürdigen, was die Seele erheben kann; Danton, der bey den größten Gefahren der Freyheit kalt und stumm war; Danton redete nach ihnen, mit vieler Heftigkeit, zu Gunsten derselben Meinung. Woher diese sonderbare Uebereinstimmung der Grundsätze so vieler Menschen, die sonst getrennt zu seyn schienen? was war die Ursache hiervon? Bloß die Sorge, welche die Verlasser der Sache des Volkes trugen, um ihre Abtrünnigkeit durch einen affectirten Eifer gegen das, was sie religiöses Vorurtheil nannten, zu verbergen. Sie wollten wohl ihre Nachgiebigkeit gegen den Aristokratismus und die Tyranney, durch den Krieg wieder gut machen, den sie der Gottheit erklärten.

Nein! das Betragen dieser hinterlistigen Menschen zielte auf größere politische Absichten. Sie fühlten, daß man, um die Freyheit zu zerstören, durch alle Mittel alles begünstigen müsse, was darauf abzweckt, den Egoismus zu rechtfertigen, das Herz gefühllos zu machen, und die Idee der schönen Sittlichkeit auszurotten, welche die einzige Richtschnur ist, nach welcher die allgemeine Vernunft die Vertheidiger und die Feinde der Menschheit richtet.

Mit Entzücken ergriffen sie ein System, welches das Loos der Guten und der Bösen gleich setzt; keinen andern Unterschied zwischen ihnen läßt, als die ungewisse Gunst des Glückes; und keinen andern Schiedsrichter anerkennt, als das Recht des Stärkern oder des Listigern.

Ihr habet einen ganz andern Zweck; daher werdet Ihr auch einer entgegengesetzten Politik folgen. Doch sollten wir nicht fürchten, den Fanatismus wieder aufzuwecken, und den Aristokratismus zu begünstigen? Nein, wenn wir die Partey nehmen, welche die Weisheit uns vorschreibt, so wird es uns leicht seyn, jener Klippe zu entgehen.

Feinde des Volkes! wer Ihr auch seyet, nie wird der Nationalconvent eure Verkehrtheit in Schutz nehmen. Aristokraten! welche Larve Ihr auch jetzt annehmen wollet, vergebens würdet ihr suchen, aus unserem Tadel gegen die Urheber eines strafbaren Planes Nutzen zu ziehen, um die aufrichtigen Patrioten anzuklagen, die der bloße Haß gegen den Fanatismus zu unvorsichtigen Schritten verleitet haben kann. Ihr habet nicht das Recht anzuklagen; die Nationalgerechtigkeit weiß in den, von den Factionen erregten Stürmen, Irrthum von Verschwörung zu unterscheiden; mit einer sichern Hand wird sie alle verkehrten Ränkemacher ergreifen, und keinem einzigen rechtschaffenen Manne schaden.

Ihr Fanatiker! hoffet nichts von uns. Die Menschen an die reine Verehrung des höchsten Wesens erinnern, heißt dem Fanatismus den tödlichsten Streich versetzen. Alle Erdichtungen verschwinden vor der Wahrheit; und alle Thorheiten fallen vor der Vernunft. Ohne Furcht und ohne Verfolgung müssen alle Secten sich selbst in der allgemeinen Religion der Natur vereinigen.

Wir rathen euch daher, Gesetzgeber! die Grundsätze zu behaupten, zu welchen ihr euch bisher öffentlich bekannt habet. Die Freyheit des Gottesdienstes werde, selbst für den Triumph der Vernunft aufrecht erhalten; doch störe sie nicht die öffentliche Ordnung; doch werde sie nicht ein Mittel zur Verschwörung. Wenn die gegenrevolutionistische Boßheit sich unter dieser Maske verbirgt, so drücket sie nieder. Uebrigens verlasset euch auf die Macht der Grundsätze, und selbst auf die Gewalt der Dinge.

Ehrsüchtige Priester! erwartet nicht, daß wir an der Wiederherstellung eures Reiches arbeiten; ein solches Unternehmen würde sogar über unsere Kräfte gehen. Ihr habet euch selbst getödtet; und zum moralischen Leben kömmt man eben so wenig zurück, als wie zum physischen Daseyn.

Was haben die Priester auch mit Gott zu thun? Die Priester verhalten sich zu der Moral, wie die Marktschreyer zur Arzeneykunde. Welch ein Unterschied zwischen dem Gotte der Natur, und dem Gotte der Priester! Ich kenne nichts, das mehr dem Atheismus gleicht, als die Religionen, die sie einführten. Durch die Verunstaltung des höchsten Wesens, haben sie es, so viel in ihrer Gewalt stand, vernichtet; bald haben sie eine Feuerkugel daraus gemacht; bald einen Ochsen; bald einen Bgum; bald einen Menschen; bald einen König. Die Priester haben Gott nach ihrem Bilde geschaffen. Sie machten ihn eifersüchtig, eigensinnig, habsüchtig, grausam, unversöhnlich; sie behandelten ihn, wie ehemals die vornehmsten Staatsbedienten Frankreichs die Abkömmlinge des Clovis behandelten, um unter seinem Nahmen zu herrschen, und sich an seine Stelle zu setzen; sie verwiesen ihn in den Himmel, wie in einen Pallast, und riefen ihn nur auf die Erde herab, damit er für sie die Zehenten, Reichthümer, Würden, Vergnügungen und Macht von den Menschen fordere. —

Der wahre Priester des höchsten Wesens, ist die Natur; sein Tempel, das Weltall; sein Dienst, die Tugend; sein Fest, die Freude eines großen Volkes, das sich unter seinen Augen versammelt, um die süßen Bande der allgemeinen Brüderschaft enger zu knüpfen, und ihm mit einem empfindsamen und reinem Herzen zu huldigen.

Priester! wodurch habet Ihr eure Sendung bewiesen? Seyd Ihr gerechter, gesitteter und größere Freunde der Wahrheit gewesen, als die andern Menschen? Habet Ihr die Gleichheit geliebt, die Rechte der Völker vertheidigt, den Despotismus verabscheuet, und die Tyranney unterdrückt? Nein, Ihr habet zu den Königen gesagt: "Ihr seyd die Bilder Gottes "auf Erden; von ihm allein habt ihr eure Gewalt!„ Die Könige antworteten euch: "Ja, Ihr seyd "wahrlich die Abgesandten Gottes; wir wollen uns "vereinigen, um das Eigenthum und die Anbetung "der Sterblichen zu theilen.„ Das Scepter und das Weihrauchsfaß haben sich mit einander verschworen, um den Himmel zu entehren, und die Erde mit Gewalt an sich zu reissen.

Weg nun mit den Priestern, und lasset uns zur Gottheit zurükkehren. Lasset uns die Moral auf einen ewigen und heiligen Grund setzen; dem Menschen eine religiöse Achtung für den Menschen, und ein tiefes Gefühl seiner Pflichten einflößen, welches der einzige Bürge des gesellschaftlichen Glückes ist; lasset uns ihn durch alle unsre Einrichtungen nähren. Die öffentliche Erziehung werde vorzüglich nach diesem Zwecke gerichtet; Ihr werdet derselben ohne Zweifel einen großen, der Natur unserer Regierung, und der großen Bestimmung unserer Republik angemessenen Charakter geben. Ihr werdet die Nothwendigkeit fühlen, sie allgemein und für alle Franzosen gleich zu machen. Man soll nicht Herren (*Messieurs*), sondern Bürger bilden; das Vaterland hat allein das Recht, seine Kinder zu erziehen; dieses Geschäft kann es nicht dem Stolze der Familien anvertauen, oder den Vorurtheilen der Privatpersonen, diesen ewigen Nahrungsmitteln des Aristokratismus, und des häuslichen Föderalismus, der die Gemüther beengt, indem er sie isolirt, und mit der Gleichheit jeden Grund der bürgerlichen Ordnung zerstört; — doch dieser große Gegenstand gehört nicht hierher.

Indeß gibt es eine Art von Einrichtung, die als ein wesentlicher Theil der öffentlichen Erziehung betrachtet werden kann, und zu meinem Gegenstande nothwendig gehört. Ich meine die öffentlichen Feste.

Versammlet die Menschen, und Ihr werdet sie besser machen; denn die versammelten Menschen werden einander zu gefallen suchen, und sie werden sich bloß durch Dinge gefallen, die sie würdiger machen. Gebet ihrer Versammlung einen großen moralischen und politischen Bewegungsgrund: so wird die Liebe zum Guten sich mit dem Vergnügen aller Herzen bemeistern; denn die Menschen sehen einander nicht ohne Vergnügen.

Der Mensch ist der größte Gegenstand in der Natur; und das prächtigste aller Schauspiele ist dasjenige eines großen versammelten Volkes. Man spricht nie ohne Enthusiasmus von den Nationalfesten der Griechen; und doch hatten diese nichts anders zum Gegenstande, als Spiele, in welchen körperliche Kraft, Gewandtheit, oder höchstens das Talent der Dichter und Redner glänzte. Aber ganz Griechenland war zugegen; man sahe ein Schauspiel, das größer war, als die Spiele selbst, das waren die Zuschauer; es war das Volk, welches Asien besiegte, und das seine republikanischen Tugenden zuweilen über die Menschheit erhoben. Man sahe die großen Männer, die das Vaterland gerettet, und unsterblich gemacht hatten; die Väter zeigten ihren Söhnen einen Miltiades, einen Aristides, einen Epaminondas, einen Timoleon, deren bloße Gegenwart schon eine lebendige Lehre der Seelengröße, der Gerechtigkeit, und des Patriotismus war.

Wie leicht wäre es dem französischen Volke, seinen Versammlungen einen noch größern Zweck, und einen erhabenern Charakter zu geben! Ein richtiges System der Nationalfeste würde zugleich das süßeste Band der Brüderschaft und das stärkste Mittel der Wiedergeburt des Volkes werden.

Führet allgemeine und feyerlichere Feste für die ganze Republik ein; aber auch besondere Feste, und für jeden Ort, die zu Tagen der Ruhe dienen, und dasjenige wieder ersetzen können, was die Umstände vernichtet haben.

Alle Feste müssen darauf abzwecken, die edlen Gefühle, welche den Reiz und die Zierde des menschlichen Lebens machen, den Enthusiasmus der Freyheit, die Liebe fürs Vaterland, die Achtung für die Gesetze, zu erwecken.

Das Andenken der Tyrannen und der Verräther sey der Verfluchung geweihet; die Erinnerung der Helden der Freyheit, und der Wohlthäter der Menschheit, empfangen dann den gerechten Tribut der Erkenntlichkeit der Nation. Diese Feste müssen ihr Interesse und ihren Nahmen von den unsterblichen Begebenheiten unserer Revolution, und von den heiligsten und dem menschlichen Herzen theuersten Gegenständen entlehnen; sie werden durch Sinnbilder, die sich für ihren besondern Zweck passen, verschönert und von einander unterschieden. Lasset uns die Natur und alle Tugenden zu unseren Festen einladen; alle werden sie unter dem Schutze des höchsten Wesens gefeyert; ihm seyen sie geheiliget; durch eine Huldigung für seine Macht und die Freyheit werden sie begonnen und geschlossen.

Du sollst deinen heiligen Nahmen Einem der schönsten Feste leihen, du, o Tochter der Natur, Mutter des Glückes und der Ehre! Du einzige rechtmäßige von dem Laster entthronte Beherrscherinn der Welt! Du, der das französische Volk dein Reich wieder gegeben, und die Du ihm dafür ein Vaterland und Sitten geschenkt hast! Erhabene Freyheit! Du sollst unser Opfer mit deiner unsterblichen Gefährtinn theilen, mit der süßen und heiligen Gleichheit.

Wir wollen die Menschheit feyern; die Menschheit, die von den Feinden der französischen Republik erniedrigt, und mit Füßen getreten wird. Welch ein schöner Tag wird derjenige seyn, an welchem wir das Fest des Menschengeschlechts feyern werden! Es wird das brüderliche und heilige Mahl seyn, zu dem das französische Volk, aus dem Schooße des Sieges, die große Familie einladen wird, deren Ehre und deren unverjährbaren Rechte es allein vertheidiget!

Auch werden wir ein Fest zu Ehren aller großer Männer feyern, aus welchem Zeitalter und aus welchem Lande sie auch seyen, wenn sie nur ihr Vaterland vom Joche der Tyrannen befreyten, oder durch weise Gesetze die Freyheit gründeten.

Auch Ihr sollet nicht vergessen werden, erhabene Märtyrer der französischen Republik! Ihr sollt nicht vergessen werden, Ihr Helden, die Ihr im Kampfe für sie fielet! wer könnte auch die Helden meines Vaterlandes vergessen? Frankreich hat ihnen seine Freyheit zu verdanken; die Welt wird ihnen die ihrige zu verdanken haben. Die ganze Welt möge bald im Genusse ihrer Wohlthaten ihren Ruhm feyern. Welch eine Menge Heldenzüge finden sich unter den zahlreichen großen Handlungen, welche die Freyheit unter uns gleichsam verschwendet hat! Welch eine Menge Namen, die würdig sind, in die Jahrbücher der Geschichte eingetragen zu werden, bleiben in der Dunkelheit vergraben! Ihr unbekannten und verehrten Manen! wenn auch der Ruhm euch nicht zu Theil wird, so soll euch doch unsere zärtliche Erkenntlichkeit zu Theil werden!

Sie mögen zittern, alle gegen die Freyheit bewafnete Tyrannen, wenn es dann noch welche giebt! sie mögen zittern an dem Tage, wo die Franzosen auf euren Gräbern schwören werden, euch nachzuahmen! Ihr jungen Franzosen! höret ihr den unsterblichen Barra, der aus dem Schooße des Pantheons euch zur Ehre ruft? streuet Blumen auf sein heiliges Grab! — — — (Junge Zöglinge des Vaterlandes, die sich im Schooße der Versammlung befinden, rufen mit dem lebhaftesten Enthusiasmus: Es lebe die Republik!) Barra! heroisches Kind! Du ernährteſt Deine

Mutter, und starbst fürs Vaterland! Barra, Du hast schon den Lohn Deines Heroismus empfangen; das Vaterland hat Deine Mutter aufgenommen; Dein Vaterland zerschmettert die strafbaren Factionen, und erhebt sich im Triumph auf den Trümmern der Throne und der Laster. O Barra! Du hattest kein Muster im Alterthum; aber Du wirst unter uns Nacheyferer Deiner Tugend finden.

Durch welchen Zufall, oder durch welche Undankbarkeit hat man einen noch jüngern, und der Verehrung der Nachwelt würdigen Helden, in der Vergessenheit gelassen? Die aufrührerischen Matseiller, an den Ufern der Durance versammelt, wollten über diesen Fluß setzen, um die schwachen und wehrlosen Patrioten der unglücklichen Gegend zu morden; ein nicht zahlreicher Haufe Republikaner, der auf der andern Seite des Flusses stand, sahe keine andere Hülfe, als das Ankertau des Fahrzeuges zu zerhauen, auf welchem die Feinde übersetzen wollten. Aber der Versuch, so etwas in Gegenwart der zahlreichen Truppen, die das andere Ufer bedeckten, und innerhalb ihres Schusses, zu unternehmen, schien den Verwegensten eine chimärische Tollkühnheit. Plötzlich stürzt sich ein eilfjähriges

Kind auf eine Art, eilt ans Ufer des Flusses, und hauet mit aller Gewalt auf das Ankerseil. Ein Musketenfeuer wird gegen ihn gerichtet; er wird verwundet; er hebt noch Einmahl seine Art auf; das Tau ist entzwey; das Kind wird von einem tödtlichen Schusse getroffen, und ruft aus: Was thut's? ich sterbe, mein Vaterland ist gerettet. Es fällt — und stirbt. — Der Süden ist gerettet! Ehrwürdiges Kind! das Vaterland sey stolz darauf, daß es Dir das Leben gab! Mit welchem Stolze hätten Griechenland und Rom Dein Andenken geehrt, wenn sie einen Mann wie Du erzeugt hätten!

Bürger! lasset uns seine Asche mit Pomp in den Tempel des Ruhmes bringen. Die Republik in Trauer benetze sie mit heissen Thränen! — Nein, wir wollen nicht weinen; wir wollen ihm nachahmen, wir wollen ihn rächen, durch den Untergang aller Feinde unserer Republik.

Alle Tugenden streiten sich um den Vorzug an unsern Festen gefeyert zu werden.

Wir wollen das Fest der Ehre feyern, nicht derjenigen, welche die Welt verheert und unterdrückt; sondern derjenigen, die sie frey macht, die sie aufklärt, die ihr Trost bringt, und die nach dem Vaterlande das erste Idol eines edelmüthigen Herzens ist.

Lasset uns auch ein rührenderes Fest einführen; ein Fest zu Ehren des Unglückes. Die Sklaven beten das Glück und die Gewalt an; wir wollen das Unglück ehren; das Unglück, welches die Menschheit nicht ganz von der Erde verbannen kann, welches sie aber tröstet, und mit Ehrfurcht erleichtert.

Du, die du die Macht der Freunde des Vaterlands vergrößerst; du, von der die, durch das Laster verbundenen Bösewichter, nie anders als das täuschende Bild kannten; du, o göttliche Freundschaft! Du wirst bey den republikanischen Franzosen deine Macht und deine Altäre wieder finden.

Warum sollten wir nicht auch dieselbe Ehre der schamhaften und edlen Liebe, der väterlichen Zärtlichkeit, und der kindlichen Liebe erzeigen? Unsere Feste werden gewiß nicht ohne Interesse, nicht ohne Prunk seyn. Ihr tapfern Vertheidiger des Vaterlandes, denen euch eure ruhmvollen Narben zur Zierde gereichen, Ihr sollet ihnen beywohnen. Auch Ihr, ehrwürdigen Greise, die Ihr in dem für eure Nachkommen bereiteten Glücke Trost finden müsset, wegen eines langen unter dem Despotismus hingebrachten Lebens; und Ihr, zärtlichen Kinder des Vaterlandes, die ihr heranwachset, um seine Ehre zu verbreiten, und die Frucht unserer Arbeiten zu erndten, auch Ihr sollet ihnen beywohnen.

Junge Bürgerinnen, denen der Sieg bald Brüder, und eurer würdige Geliebte zurück bringen wird; und Ihr, Hausmütter, deren Gatten und Söhne der Republik aus den Trümmern der Thronen Trophäen errichten, Ihr sollt bey unsern Festen zugegen seyn. O Französinnen! liebet die mit jener ihrem Blute erkaufte Freyheit; brauchet eure Gewalt, um die Gewalt der republikanischen Tugend auszubreiten! O Französinnen! Ihr seyd der Liebe und der Achtung der Erde würdig, was brauchet ihr die Weiber von Sparta zu beneiden? wie sie, habet ihr Helden geboren; wie sie, habet ihr dieselben, mit einer erhabenen Ergebenheit, dem Vaterlande geweihet.

Unglück treffe den, der den erhabenen Enthusiasmus zu verlöschen, und durch verzweifelnde Lehren den moralischen Trieb des Volkes, der das Princip aller großen Handlungen ist, zu ersticken suche! Ihr Repräsentanten des Volks, Ihr müßt die

Wahrheiten, die wir entwickelt haben, triumphiren lassen; trotzet den unsinnigen Schreyern der stolzen Unwissenheit, oder der heuchlerischen Verkehrtheit. Wie groß muß die Bosheit gewesen seyn, die uns umgab, wenn wir so viel Muth brauchten, jene Wahrheiten zu sagen? Wird es die Nachwelt glauben, daß die überwundenen Rotten ihre Verwegenheit so weit trieben, uns des Moderantismus und des Aristokratismus zu beschuldigen, weil wir den Gedanken von der Gottheit, und der Moral wieder in Erinnerung brachten? Wird sie es glauben, daß man es wagte, hier in diesem Zirkel zu sagen, daß wir dadurch die menschliche Vernunft um einige Jahrhunderte zurückgesetzt haben? Sie riefen die Vernunft an, die ihre gotteslästerlichen Dolche gegen euch wetzten? Alle diejenigen, die eure Grundsätze und eure Würde vertheidigten, sollten ohne Zweifel, auch die Gegenstände ihrer Wuth seyn. Wir dürfen uns nicht wundern, wenn alle gegen uns verbundene Bösewichter, den Giftbecher für uns bereiten zu wollen scheinen; doch ehe wir ihn trinken, wollen wir das Vaterland retten. Das Schiff, welches das Schicksal der Republik trägt, ist nicht zum Schiffbruche bestimmt; es schwebt uns ter eurem Schutze, und die Stürme werden es schonen müssen.

Stützet euch daher ruhig auf den unveränderlichen Grund der Gerechtigkeit, und belebet wieder die öffentliche Moral. Donnert auf das Haupt der Strafbaren, und schleudert Blitze auf alle eure Feinde. Wer ist der Unverschämte, der es wagt, nachdem er vor den Füssen eines Königes kroch, die Majestät des französischen Volks in der Person seiner Repräsentanten zu beleidigen? Gebietet über den Sieg; aber versenket das Laster ins Nichts. Die Feinde der Republik, das sind die verdorbenen Menschen. Der Patriot ist nichts anders, als ein redlicher und großmüthiger Mensch in der vollen Bedeutung dieses Wortes. Es ist nicht genug, alle Könige Europa's zu vernichten; man muß auch allen Völkern Achtung für den Charakter des französischen Volkes einflößen. Vergebens würden wir den Ruhm unserer Waffen bis ans Ende der Welt bringen, wenn alle Leidenschaften ungestraft das Herz des Vaterlandes zerreissen. Wir müssen mißtrauisch seyn, selbst gegen den Freudenrausch wegen erkämpfter Siege. Wir müssen furchtbar in unsern Unfällen, und bescheiden in unsern

Triumphen seyn. Mitten unter uns, müssen wir durch Weisheit und Moral Frieden und Glückseligkeit gründen. Dieß ist der wahre Zweck unserer Arbeiten; dies ist das erhabenste und schwierigste Bestreben. Wir glauben zu diesem Zwecke mit beyzutragen, indem wir euch folgendes Decret vorschlagen.

Artikel I.

Das französische Volk erkennet das Daseyn des höchsten Wesens, und die Unsterblichkeit der Seele.

II.

Es erkennet, daß die Ausübung der menschlichen Pflichten der des höchsten Wesens würdige Gottesdienst sey.

III.

Es rechnet mit zu seinen Pflichten: den Abscheu gegen Treulosigkeit und Tyranney; Bestrafung der Verräther; Unterstützung der Unglücklichen; die Vertheidigung der Unterdrückten; die Schonung der Schwachen; und endlich die Pflicht, alles Gute, was man kann, andern zu erzeigen, und gegen niemanden ungerecht zu seyn.

IV.

Es sollen Feste eingeführet werden, um die Menschen an das Daseyn Gottes, und an die Würde seines Wesens zu erinnern.

V.

Diese Feste sollen ihre Nahmen von den glorreichen Begebenheiten unserer Revolution, von den dem Menschen theuren und nützlichen Tugenden, und von den größten Wohlthaten der Natur haben.

VI.

Die französische Republik wird jedes Jahr folgende Tage feyern: den 14ten July 1789; den 10ten August 1792; den 21sten Januar 1793; und den 31sten May 1793.

VII.

Sie wird an den Decadentagen folgende Feste begehen; nemlich zu Ehren:

Dem höchsten Wesen und der Natur.
Dem menschlichen Geschlechte.
Dem französischen Volke.
Den Wohlthätern der Menschheit.
Den Märtyrern der Freyheit.
Der Freyheit und Gleichheit.
Der Republik.
Der Freyheit der Welt.
Der Liebe für das Vaterland.
Dem Hasse gegen die Tyrannen und Verräther.

Der Wahrheit.
Der Gerechtigkeit.
Der Schamhaftigkeit.
Dem Ruhme und der Unsterblichkeit.
Der Freundschaft.
Der Mäßigkeit.
Dem Muthe.
Der Redlichkeit.
Dem Heldenmuthe.
Der Uneigennützigkeit.
Dem Stoicismus.
Der Liebe.
Der ehelichen Liebe.
Der Vaterliebe.
Der mütterlichen Zärtlichkeit.
Der kindlichen Liebe.
Der Kindheit.
Der Jugend.
Dem männlichen Alter.
Dem hohen Alter.
Dem Unglücke.
Dem Ackerbau.
Der Industrie.
Den Vorfahren.

Der Nachwelt.
Dem Glücke.

VIII.

Die Ausschüsse des öffentlichen Wohls und des öffentlichen Unterrichts werden einen Plan zur Organisirung dieser Feste einreichen.

IX.

Der Nationalconvent fordert alle Talente, die würdig sind, der Sache der Menschheit zu dienen, zur Ehre auf, durch Hymnen und Bürgergesänge, wie auch durch alle sonstige Mittel, zur Verschönerung und Vergrößerung des Nutzens dieser Feste beyzutragen.

X.

Der Ausschuß des öffentlichen Wohls wird die Werke, die ihm zur Erreichung jenes Zweckes am geschicktesten zu seyn scheinen, auszeichnen, und ihre Verfasser belohnen.

XI.

Die Freyheit des Gottesdienstes wird, gemäß dem Decrete vom 18ten Frimair (8. December) aufrecht erhalten.

XII.

Jede aristokratische und der öffentlichen Ordnung zuwiderlaufende Versammlung soll nicht gestattet werden.

XIII.

Im Falle, daß irgend ein Gottesdienst die Veranlassung oder der Bewegungsgrund von Unruhen seyn sollte; so sollen diejenigen, die durch fanatische Predigten, oder durch gegenrevolutionistische Eingebungen, dieselben erregen, und diejenigen, die sie durch ungerechte und willkührliche Gewaltthätigkeiten befördern, nach der Strenge der Gesetze bestraft werden.

XIIII.

Es soll ein besonderer Bericht über die, auf gegenwärtiges Decret sich beziehenden, umständlichen Anordnungen abgestattet werden.

XV.

Den nächsten 2ten Prereal (21sten May) soll ein Fest zu Ehren des höchsten Wesens gefeyert werden.

David bekömmt den Auftrag, den Plan dazu dem Nationalconvent zu überreichen.

Man fordert von allen Seiten im Convent den Druck des vom Bürger Robespierre abgestatteten Berichtes.

Couthon. Man fordert den Druck des eben abgestatteten Berichtes, und seine Vertheilung zu 6 Exemplaren an jedes Mitglied. Ich glaube, daß dieses nicht genug sey. Die Vorsehung ist beleidigt, und der Convent ist von den ehrlosen Menschen beschimpft worden, die, um Verzweifelung in das Herz des Gerechten zu bringen, den Materialismus predigten, und das Daseyn Gottes leugneten. Die menschliche Gerechtigkeit, hat schon jene Verderbten und verderbenden Menschen bestraft; aber der Convent muß noch mehr thun; er muß auch ihre abscheulichen Grundsätze ausrotten; dieß hat er schon gethan, durch den eben vorgelesenen Bericht, und den Decretsentwurf, den er angenommen hat. Da aber der Convent beleidigt, und allenthalben verläumdet wurde: so muß der Bericht nicht nur in dem gewöhnlichen Format gedruckt, und an die Armeen, an alle constituirte Körper, und an alle Volksgesellschaften geschickt, sondern auch als Anschlagezettel gedruckt, und in allen Straßen angeheftet werden. Man muß auf den Mauern und auf den Schildern

Häusern das wahre Glaubensbekenntniß des französischen Volkes lesen. Ich verlange endlich, weil die Moralität der Nationalrepräsenten, bey den fremden Völkern verleumdet wurde, daß der Bericht von Robespierre und der angenommene Decretsentwurf, in alle Sprachen übersetzt, und in die ganze Welt verschickt werde.

Barrere. In dem Berichte ist ein Vorschlag, der sich nicht in dem Decretsentwurfe befindet; ich verlange, daß er hinzugefüget werde; er betrifft das junge Kind von Avignon. Ihr habet im Nahmen Barra's den Beyfall der jungen Bürger gehört, die noch hier in unserer Mitte sind. Ein, vor mehreren Monaathen abgegebenes Decret verordnet, daß seine Asche ins französische Pantheon gebracht werden solle. Jetzt ist die Zeit der Feste. Ich verlange daher, daß diese Asche mit der Urne des Agricole Vialat am 30sten Prereal (18te Juny) ins Pantheon gebracht werde.

Das von Robespierre vorgeschlagene Decret wird, nebst den Vorschlägen von Couthon und Barrere, angenommen.